ओ प्रकृति माँ!

ओ प्रकृति माँ!

गोविन्द मिश्र

राधाकृष्ण प्रकाशन

ISBN : 978-81-7119-238-0

ओ प्रकृति माँ!

पहला संस्करण : 1995

This book is printed on **Print on Demand** Technology : 2025

मूल्य : ₹495

प्रकाशक

राधाकृष्ण प्रकाशन प्राइवेट लिमिटेड

जी-17, जगतपुरी, दिल्ली-110 051

शाखाएँ : अशोक राजपथ, साइंस कॉलेज के सामने, पटना-800 006

पहली मंजिल, दरबारी बिल्डिंग, महात्मा गांधी मार्ग, प्रयागराज-211 001

1, अनमोल सोराबजी संतुक लेन, धोबी तलाव, मरीन लाइंस, मुम्बई-400 002

वेबसाइट : www.radhakrishnaprakashan.com

ई-मेल : info@radhakrishnaprakashan.com

O PRAKRITI MAAN

Poems by Govind Mishra

उस अनुभूति को
जिसमें तुम और प्रकृति
एक थे

मनःप्रसूत

सोचा था कि कविताओं को कभी छपाऊँगा नहीं, कुछ तो ऐसा हो जो सिर्फ अपने लिए...कुछ शब्द ऐसे जो सिर्फ आपके लिए...जैसे बक्से में बड़ी हिफाज़त से रखी कुछ चिट्ठियाँ, जो उम्र बीतने के साथ-साथ और कीमती होती जाती हैं। इसलिए कभी इन कविताओं को सँवारने-सजाने की ज़रूरत महसूस नहीं की। समय विशेष की कोई ख़ास संवेदना, जो किसी ख़ास तेवर की गवाह थी...सिर्फ मेरे लिए, बाहर परोसने की चीज़ नहीं थी। सँवरने में वह संभवत: थोड़ा बेहतर कलाकृति तो बन सकती थी, लेकिन मेरी अपनी धरोहर न रह पाती।

छपाऊँगा नहीं—यह तो था, पर छिपाऊँगा नहीं—यह भी था। प्रकृति कहती है कि अब इन्हें प्रकाश में आने दो; और देखा जाय तो जो निहायत व्यक्तिगत है, वह भी तो साहित्य है। यह बात और है कि इधर सामाजिकता और आधुनिकता की चपेट में ऐसी विधाएँ जो व्यक्तिगत कुरेदनों को सीधा-सीधा उठाती हों वे तिरोहित होती चली गई हैं—यात्रा, व्यक्तिगत निबंध, प्रेमपत्र, पत्राचार, डायरी, आत्मकथा आदि। अपने कहे में पूरा ईमानदार हुए बगैर कोई साहित्यकार नहीं हो सकता। अगर पूरी ईमानदारी का वरण किये रहना है तो समय-समय पर ऐसी विधाओं में भी लिखना चाहिए जहाँ छिपाने की बहुत गुंजाइश नहीं होती। कला अगर सत्य को उजागर करती है तो व्यक्तिगत सत्य, मूल सत्य को छिपाने, उलझा डालने के भी बड़े मौक़े होते हैं वहाँ। इसलिए कभी-कभी कला पर छलाँग लगाकर अपनी बात धड़ल्ले से ज्यों की त्यों क्यों न कह दी जाय। कहानी-उपन्यास जो मेरी विधाएँ हैं, वहाँ छिपाने के और भी ज्यादा मौक़े होते हैं। नाम भी है!'फिक्शन', इसलिए कविता मैं जब-तब लिखता रहा। वहाँ सीधे-सीधे अपनी बात कही जा सकती थी, डायरी भी इसलिए...पर जहाँ डायरी में विश्लेषण हो बैठता था, कविता में मैं अपनी भावनाएँ अक्षुण्ण रख पाता था। कविता का असली मिजाज़ भी शायद वही

है। भावनाओं को छूना और उन्हें शब्द, शब्दजाल से कम-से-कम कलुषित किये बिना भाषा में उतरने देना। बेशक यह बहुत मुश्किल काम है। अपनी रचनात्मकता के पहले-पहले दौर में मैं जो भी फूहड़-फाड़ मन में आया, उसे जस का तस उतारने को ही कविता समझता होऊँगा—नहीं, शायद ऐसा नहीं था। वह समय तो वह था जब कलात्मकता की बड़ी ऐंठने उठती होंगी, अपने कहने के अन्दाज़ पर परम आत्ममुग्धता होती होगी। कला को लाँघना कितनी बड़ी कला है—यह तो आज समझ में आया है। फिर भी अगर मैं उस समय की रचनाओं को प्रकाशित करने लायक़ समझ रहा हूँ तो इसलिए भी कि शायद कहीं-कहीं मासूमियत में यह लाँघना अनायास हो गया हो और पाठकों को दिख जाये।

व्यक्ति को समष्टि से जुड़ना चाहिए, साहित्य में व्यक्तिगत को समाजगत की तरफ़ उठना चाहिए...ऐसी अवधारणाओं के परिप्रेक्ष्य में वे कविताएँ शायद किसी के काम की न हों...पर यह भी तो हो सकता है कि कोई इक्का-दुक्का इनमें अपनी संवेदनाओं की अनुगूँज देख ले और जैसे इन्हें लिखने ने मेरा रास्ता साफ किया है, वैसे ही इन्हें पढ़ने में उसे अपना रास्ता साफ़ होता नज़र आये, या कम-से-कम उस ओर चल पड़े। और कुछ इन कविताओं में हो या न हो, यहाँ वह शब्दजाल तो नहीं है, जिसकी वजह से आज कविता पाठक वर्ग से दूर हो गई है। पढ़ते जाओ, अर्थ भी ठीक-ठीक नहीं निकलता, कोई सिहरन, कोई उद्वेग उठना तो बड़ी दूर की बात है, अक्सर पढ़कर कुछ भी नहीं होता भीतर। पुरानी कविताओं और शायरी की पंक्तियाँ सपाक से मुँह में आ जाती थीं, आज की कविता का कुछ भी याद नहीं रहता। इस अर्थ में वह गद्य के ज़्यादा क़रीब आई है—पढ़ी जा सकती है, सुनना साधारणतः दूभर है। गीतकारों को साहित्यकारों की कोटि में नहीं लिया जाता, जो मुझे ग़लत लगता है। अगर एक साहित्य वह है जो बौद्धिकों के लिए होता है, तो एक वह भी है जो साधारण पाठक और श्रोता के लिए है—जैसे लोकसाहित्य—आमफहम के लिए है, उन्हीं की बोली में लिखा गया साहित्य। ईसुरी का साहित्य कैसे साहित्य नहीं है? जेम्स जॉयसी एलीटिसिज़्म ने साहित्य को जनसाधारण से बहुत दूर कर दिया है। कैसे भेद-विभेद हो गये हैं लेखन में ही, और कुल मिलाकर जो नतीजा निकला वह यह कि साहित्य हाशियों पर फेंक दिया गया। मैं शिद्दत से महसूस करता कि साहित्यकारों में वर्गवाद ख़त्म होना चाहिए, वे पूर्वग्रह, जिन्हें लेकर हम दावा करते हैं कि यह साहित्य है और वह नहीं या कि दिमागी उलझाववाला लेखन ही आधुनिक है। सब तरह

के लेखन और सभी विधाओं के लिए आत्मीयता का वातावरण बनाना चाहिए। स्तरीय और गैर-स्तरीय का फ़र्क तो स्वतः नज़र आ जाता है और शायद वही सही होता है, दलीलों के पैबन्द से साहित्य को साबित नहीं किया जा सकता।

मैं जब दसवीं-ग्यारहवीं में था, सन् '53-'55 के आसपास, तो कवि सम्मेलन और मुशायरों में तीन-तीन बजे रात तक बैठता था। उस वक़्त कवि-सम्मेलनों में वे कवि भी आते थे जो बाद में बड़े कवि हुए। मंच पर कविता और गीत का भेद नहीं था। मुझे मेरे पहले भाषाई संस्कार इन कवि-सम्मेलनों और मुशायरों से ही मिले। बच्चन की 'मधुशाला' और श्यामनारायण पांडेय का ओज इन कवि-सम्मेलनों में एक साथ उतरता था। वीरेन्द्र मिश्र, नीरज, रमानाथ अवस्थी, दुष्यन्तकुमार के गीतों में साहित्य की चमक जहाँ आई, वहाँ वह श्रोताओं और मंच पर बैठे सुधीजनों की प्रशंसा पाती थी। कस्बे का पढ़ा-लिखा प्रत्येक वर्ग उमड़ पड़ता था। वे कवि सम्मेलन अब याद करने की चीजें रह गये हैं। कवि-सम्मेलनों में अब फूहड़पन, सस्ते मज़ाक, एक्टिंग ऐसी चीज़ों का बोलबाला है। इसके लिए अगर टी.वी. का नया ज़माना जिम्मेदार है, तो आधुनिक कविता का विशिष्टतावाद भी।

इन कविताओं को रचते हुए मैंने यह अक्सर महसूस किया है कि शब्दों की महत्ता पहचानना, उन्हें जौहरी की तरह परखना, और बारीक़ी से उठाकर हीरों की तरह जड़ना—यह काम गद्यकार अक्सर नहीं करते। यह सीखना है तो कविता लिखनी चाहिए, गाहे-बगाहे। शब्दों की मितव्ययता की तमीज़ कविता लिखने से ही आती है...। अपनी 63-65 की कविताओं से भी फिर से गुज़रते हुए मैं कहीं-कहीं हैरान रह गया हूँ कि कैसे शब्दों के इस या उस तरफ़ बैठ जाने से भावना सीधी झरती चली जाती है और कहाँ किसी शब्द के कारण ही वह अटककर रह जाती है, जैसे कोई पत्थर पानी के बहाव को रोक बैठा हो; कैसे कुछ शब्दों का आसपास बैठ जाना उन्हें वह अर्थ दे जाता है जो आमतौर पर उनका नहीं होता; कैसे शब्द अर्थ बोलने की बजाय चुप हो चित्रांकन करते चले जाते हैं; कैसे कुछ शब्द ख़ास शब्दों की संगत में संगीत पैदा करते हैं; कैसे कोई ख़ास शब्द कहीं बैठकर खिलखिलाता है तो कहीं बैठने से इनकार करता है और कहीं बैठकर रोता होता है...और कैसे कभी-कभी कोई शब्द, कोई शब्द-समूह, कोई प्रयोग या कि कोई मुहावरा...जनमता है (मुहावरा है भी क्या...मुँह में आव रे!), शब्द आपस में कैसे खेलते हैं और शब्दों को जगाने-उठाने के लिए कभी-कभी कैसे प्रार्थना करनी होती है...ये अनुभव कविताएँ लिखते समय मुझे ख़ूब हुए हैं।

इसके बारे में क्या कहूँ कि अधिकांश कविताएँ प्रेम कविताएँ हैं। एक बार जैनेन्द्र जी ने सुन लिया कि मेरे नये उपन्यास का विषय 'प्रेम' है, तो पीछे से पीठ पर थपकी मारते हुए बोले—"और विषय हो ही क्या सकता है!" बाद में मैंने कई बार सोचा कि यह महज़ इत्तिफ़ाक़ नहीं है कि हर भाषा, देश और युग में प्रेम साहित्य का विषय बराबर रहा। वह सतत विषय है साहित्य का, जिसकी कि संभावनाएँ चुकती ही नहीं। दूसरी तरह से देखें तो जब भी कुछ अच्छे, कुछ सुन्दर, की बात उठती है—तो जैसे प्रेम में वह पहले से ही निहित दीखता है। बात मूल्य-स्थापना की हो, मनुष्य को मनुष्य से जोड़ने की, कर्कश माहौल में कुछ कोमल विकसित करने की, माधुर्य की, सभ्यता को विनाश के रास्ते से विमुख करने की...प्रेम में सब कुछ पहले से ही विद्यमान है। फिर भी कुछ ऐसा हुआ कि प्रेम को 'रोमांटिसिज़्म' का पर्याय मान लिया गया। साहित्यिक आन्दोलनों के दरमियान ऐसा होता है कि नया अपने को प्रतिष्ठित करने के उपक्रम में पिछले को दुर्भाषित करता है, और चाहते हुए भी कभी-कभी ग़लत स्थापनाएँ कर जाता है, झूठ बोल जाता है। 'रोमांटिसिज़्म' और 'क्लासिसिज़्म' का द्वंद्व जिस तरह बिठाया गया, मेरे विचार से वह ग़लत था। क्या 'क्लासिस्ट' या कि घोर यथार्थवादी यहाँ तक कि व्यंग्यकार भीतर से कहीं 'रोमांटिक' नहीं होता? बिना रोमांटिक हुए कोई साहित्यकार हो ही कैसे सकता है। या कि रोमांटिक साहित्यकार की ललक क्या 'क्लासिकल' की परिपक्वता, पूर्णता की तरफ नहीं होती?

मेरे लिए साहित्यकार होना महज़ लिखना नहीं है। साहित्यकार होकर मैंने अपने लिए एक जीवन-शैली विकसित की है। कह लीजिए, मेरी जीवन-शैली का दर्शन है साहित्य। साहित्य ने बहुत दिया है मुझे। जो कुछ कीचड़ मेरे जीव से लिपटा, उसे भी धोता चला साहित्य। अब भी अगर कुछ लिपटा है कीचड़ तो उस हद तक साहित्य से मेरे लगाव में कुछ कमी होगी। जो भी मेरे पास अच्छा आया सब साहित्य का दिया था—प्रकृति को महसूसना, संसार को देखने का अन्दाज़, यात्रा और यात्रा के दरमियान नये-नये परिवेशों, लोगों से सटते हुए चलना, हर हाल में चलना, दुःखों के बीच चलते रहनेवाली मनुष्य की गरिमा, उस गरिमा को महसूस करने से पैदा हुई हिम्मत, हर व्यक्ति से जुड़ने की कशिश—सभी तो साहित्य का दिया हुआ है। ईश्वर का कृतज्ञ हूँ कि इन या ऐसी चीज़ों से जुड़ाव गहराये रखने के लिए समय-समय पर कोई सुन्दर साथी भी मुझे मिल गया और वह काफ़ी दूर तक साथ आया। उसके साथ की वज़ह से जिन गहराइयों में उतरना

हो पाया, वह वैसे न हो पाता और मैं जीवन की कितनी ही बारीक़ चीज़ों से महरूम रह जाता। ख़ूबसूरती के इस साथ ने मुझे बेकार की दौड़ों में नहीं पड़ने दिया—बड़े पदों के पीछे पड़े होने की दौड़, साहित्य में यश (जिसका पर्याय इन दिनों पुरस्कारों को मान लिया गया है) के लिए दौड़, सम्पत्ति-संग्रह के लिए दौड़...कोई भी दौड़। जहाँ मैं दौड़ा भी तो आधी दूर आते-आते जैसे मेरे साथी ने कॉलर से मुझे पकड़कर मोड़ दिया—'कुछ नहीं, तुम सिर्फ़ जिओ और पढ़ो लिखो।' अब देखिए, यह रोमांटिसिज्म जो कि मुझे भटकने से बचाता है, जबकि रोमांटिसिज़्म के एक मायने भटकना भी बताया गया है।

उम्र के इस मुकाम पर पहुँचकर मुझे लगता है कि अब अपने पर मुलम्मे चढ़ाना तो बिल्कुल छोड़ देना चाहिए। बुढ़ापे में अब खाक मुसलमां होंगे! जो, जैसा मैं हूँ उसे वैसे ही रहने दूँ। मनुष्य की कोई ऐसी तस्वीर नहीं हो सकती कि कहा जा सके बस यही है मनुष्य, इसके इतर नहीं। शायद मनुष्यों की जाति में ऐसी कोई सामान्य तस्वीर ढूँढ़ना भी बेमानी है, क्योंकि कुदरत ने तो हर मनुष्य को अनूठा बनाया है। हमारी आज की सभ्यता जिसका मूलमंत्र है सफलता, उसने ज़रूर सफल मनुष्य की एक तस्वीर गढ़ी और हम मनुष्यों में उन्हीं गुणों को सामान्यत: ढूँढ़ने लगे। जब सफलता मेरा इष्ट है ही नहीं, तो मैं क्यों न अपनी उस विलक्षणता को पकड़ूँ जो प्रकृति ने मुझे दी थी जन्मजात, और जिसे मैंने अपनी सफलता की दौड़ में ख़ासा धुँधला जाने दिया है। प्रकृति द्वारा गढ़ा गया जो ख़ास व्यक्ति मैं था, उसे पहचानने के लिए ज़रूरी है कि मैं उन तरंगों को पकड़ूँ जो सिर्फ़ मुझमें उठती हैं, कविता-कहानी में उन्हीं को लाऊँ...भले ही वह कला-साहित्य के सामान्य निकषों के उल्टा बैठती हों। वैसे कला भी अपनी ऊँचाइयों में किसी एक ऐसे बारीक़ सन्तुलन पर ही स्थिर होती है जहाँ निजता/विलक्षणता सामान्य में पर्यवसित हो जाये, या कि सामान्य की बात होते-होते वह विलक्षण हो जाये। निजता से निजात माँगना ख़तरनाक हो सकता है साहित्यकार के लिए, क्योंकि सब धाराएँ ही तो इसी से फूटती हैं, उत्स तो वही है। तो मेरी व्यक्तिगत कविताएँ अगर सिर्फ़ इतना काम करती हैं कि वे मेरे मनुष्य की निजता को धुंधला होने से बचाए चल रही हैं तो इसी ख़ातिर मेरे लिए उनका महत्त्व बहुत है।

जीवन की यह मूल विडम्बना है कि दु:ख हमारे लिए त्याज्य है, हम सभी उससे भागते हैं, पर जीवन में जो कुछ अच्छा है वह दु:ख के रास्ते ही आता है। ज्यों-ज्यों मेरे मौजूदा साथी के दु:खों का पुलिन्दा मेरे सामने खुलता गया, त्यों-त्यों

मुझे उसके भीतर एक बेहद ख़ूबसूरत इन्सान नज़र आता गया। अब मैं बेहिचक कह सकता हूँ कि इतना ख़ूबसूरत इन्सान मेरी ज़िन्दगी में पहले नहीं आया था। प्रकृति का क्या अभिप्राय है इसके पीछे...मैं अन्दाज़ा भी नहीं लगा सकता। सब चीजें प्रकृति जनाये भी क्यों। फिलहाल उसका आग्रह है—ईमानदारी—जो लिखो वह पूरा-पूरा ईमानदार, प्रामाणिक, जैन्यूइन, मनः प्रसूत हो, बुद्धि प्रसूत नहीं। तुम बराबर चौकन्ने रहो कि कहाँ लिखते समय तुम खुद को बचाए ले जा रहे हो। लेखक के 'स्व' का जो आत्मानुग्रही, आत्मरीतिवाला रूप होता है, जो हर लेखक में कमोबेशी विद्यमान रहता है और रचना-प्रक्रिया में जिसके आग्रहों की चपेट में लेखक जाने-अनजाने आ जाते हैं...उससे बचने के लिए कहा जा रहा है मुझसे... मैं अच्छी तरह समझता हूँ। मुश्किल काम है, फिर भी कोशिश करूँगा। जीवन में इस क्रम की शुरुआत इस नए वर्ष इन कविताओं की प्रस्तुति से हो रही है।

नई दिल्ली
जनवरी, 1995

—गोविन्द मिश्र

क्रम

विषम कोण

[धनबाद : 1963-1965]

रोशनी का लट्टू

[दिल्ली : 1973-1980]

प्रकृति माँ

[बम्बई/अहमदाबाद/दिल्ली : 1985-1994]

विषम कोण

[धनबाद : 1963-1965]

दिन

सवेरे नहाकर निकलता हूँ—
    सँवरी दिखती है जिंदगी
    बाहर चलने को तैयार पत्नी-सी

दिन-भर अन्मना भटकती है
फाइलों के उबास भरे बस्तों में

    शाम पहुँचते-पहुँचते
    ढह चुकी होती है
    कलई झड़ी दीवार-सी

दिन ऊपर-ऊपर बह गया
गोया सतही ख़बरों से पटा अख़बार
बाहर फिंक गया।

□

1963

मैं

मेरा यह जिस्म
जूठे बर्तन की तरह घिनौना है
मेरा वुज़ूद
पद और मद का झुनझुना है

थोड़ा-थोड़ा प्यार है मुझे—
अपनी आँखों से
जो तुम्हें खोने के बाद
और गहरा गई हैं

अपने मन से
जो जब बहुत उचट जाता है
तब बादलों के फोहों से
हवा में तुम्हारी तस्वीर गढ़ता है

अपने जीव से
जो चल पड़ने की कोशिश में

गिर-गिर पड़ता है
पर फिर उठ खड़ा होता है।

□

1963

मछुवारे का लड़का : एक चित्र

तलैया के बीचोबीच उगा
एक काला तारा
झिलिर-मिलिर सफ़ेद सितारों के बीच
सरकते-फिसलते
सुनहरे तारों को टटोलता है।

□

1963

सीमाएँ

सीमाएँ
खूटों-सी गड़ीं
फिर चुभती हैं

लिखने-कहने को
सिर्फ़ थोड़ा-कुछ ही तो है
जो उलट-पुलटकर
बहुभेषिया की तरह
भरमाता है
नाच दिखाता है
और फिर खो जाता है
जैसे रबड़ की नसें थोड़ी देर को
खिंचाव में फैल
फिर अपनी छोटी काया में
ठिठुरकर ठहर जाती हैं।

फिर भी कैसा है मन का विस्तार
कि चुभनों के पार
शून्य में झलकता है एक लोक
जहाँ पहुँचने के लिए
सीमाएँ अपना अतिक्रमण
स्वयं करेंगी।

□

1963

विषम कोण

तारों से उलझता मन
फाइलों में कलपता मन
    चमन के उस पार
    मरघट की काली रोशनाई
    उड़ते हंस को कोई धाँय भूमि पर गिरा लाई
जैसे ताजमहल गिर गया भरभराकर

विस्मृति में डूबा मन
यादों में उछलता मन
    थमे हुए मौसम में
    बह उठी पुरवाई
    ठहरे हुए बादल के टुकड़े को तार-तार कर आई
जैसे सोई रात को झकझोर डालें प्रभाती के स्वर

हँसी की हलचल
नैराश्य की तराई
    पूर्णिमा के बाद
    अमावस की तरुणाई

उभरते हुए गीत के पंख को नोच लाई गम की गहराई
जैसे ब्याह के आँगन में सहसा उतर आये सन्नाटा

प्यार के जाम-सी छलकती आँखें
धड़कनों के पैमाने पर सरकती साँसें
सेब-से गालों पर
झुर्रियों की छाया घिर आई
खय्याम की मजार पर
रोती है रुबाई
जैसे ब्रह्मांड को नापने निकली एक छोटी-सी जिंदगी ।

□

1963

गूँगापन

लगता है जैसे
यह शाम की स्याही...
नहीं, मेरी रूह की उदासी
कुछ...
नहीं, कुछ नहीं,
ऐसा तो लगा ही करता है
जैसे...नई-नई खुलती ज़िंदगी को
यह शाम
उदासी की स्याही से मढ़ती चली जा रही हो
दिन-भर हल्का-फुल्का
सफ़ेद सफ्फाक़ मन
शाम से ही कुछ धुँधलाने लगता है
जैसे...
जैसे...
क्या कहें!

फीका-फीका
कसैला-सा

मन का स्वाद,
रसकणों से बहुत दूर
मैं शब्दों और अक्षरों की हड्डियाँ चचोर रहा हूँ
और उन्मत्त हो रहा हूँ अपना ही ख़ून चूस चूसकर

शब्द और अक्षर
जिनकी साँसों से
सब कुछ भर जाता है
भाषा के ये सैकड़ों छेद
जिनसे कितना-कुछ बह जाता है

कैसा कैसा
क्या-क्या ही तो लगा करता है,
फिर भी कितना कम कह पाता हूँ
भाषा की जीभ के बावजूद
गूँगा हूँ।

□

1964

रचना-प्रक्रिया

मैं ज़ख़्मों की सियनें टटोल रहा हूँ—
बातों के बगूले
यादों के टूटे झरोखे
मुस्कानों के झाग
एक अधबुझी आग

उपनाम कुछ ज़्यादा होश में है—
अधलिखी कहानी की बेबसी
फड़फड़ाते गीत की बेकसी
प्रेस में फँसी किताब की कुढ़न
अनपढ़ी किताबों के ढेर की जकड़न

निराशा की घनी फफूँद पर
एक धब्बा
विचारों की 'डल' रोशनी में
बड़े भोंडेपन से रेंगता दिखता है...
ऊपर से नीचे तक
एक झाड़ू मार लूँ
फिर लिखने बैठूँ।

□

1964

भूरा दिन

भूरे दिन का फेन
सूनी डालियों के बीच
जहाँ-तहाँ भरा हुआ
कहीं जमकर
कहीं काग़ज़ के फटे टुकड़ों-सा अटका हुआ

पेड़ की चोटी पर
सूखी पत्तियों की खरखराती पर्तें
फिर आज छूते हुए निकल गया
एक गीला-गीला आँचल

दिन का चौखटा
सूनी डालियों के जाल में
उलझ कर रह गया
एक चिड़िया
उसे चोंच मारती चली गई
उस ओर
जहाँ भोर

तुम्हारी मुस्कान से फूटती थी
जहाँ तुम्हारी आँख नम हुई
कि अँधेरा छा जाता था।

□

1964

नशा

क्या नशा है!
तुझे भूलने चलूँ
तो तेरी याद से टकरा देता है
कहकहों के उठते फव्वारे के बीच
एक ख़ामोशी में कुदा देता है
ख़ामोशी की भीतरी पर्तों में लिपटी,
घने पत्तों के बीच झूलती एक चिड़िया-सी
खिलती हो तुम
प्यार में गुमसुम

क्या नशा है!
टूटे साज़ पर छेड़ता है स्वप्निल सरगमें
तुम पास होती हो
इतने पास
कि देख नहीं सकता हूँ
तेरी याद में इतना खो जाता हूँ
कि तुझे भूल जाता हूँ।

□

1964

आज का आदमी

आज का आदमी....
उसका आकार फैल रहा है,
तेज़ी से चाँद तक पसर जानेवाला है
पर मन सिकुड़कर
स्वार्थ में और जकड़कर
गुड़मुड़ाता जाता है
भीतर, और भीतर

उसका दिमाग़ बड़ा, और बड़ा हो रहा है
क्या-क्या रचता और पकाता है
पर दिल वहाँ
मुश्किल से खटाता है

शरीर बड़ा पेटू है
दिमाग़ नहीं मशीन है
दिल छेदों-भरा गड्ढा है

वह गाड़ी कौन-सी है साहब!

जो आगे नहीं, पीछे जाती है
मुझे इतिहास के उस युग का टिकट चाहिए।
जिसमें मनुष्य रहता था।

□

1965

पेड़ और घर

मेरे घर के सामने दो पेड़ हैं,
जिनकी डालें एक-दूसरे से प्रेम में गुँथी हैं,
जिन पर कितने पक्षी एक साथ बैठते हैं,
खेलते-झगड़ते और फिर खेलते हैं

पेड़ों के नीचे दो घर हैं
जिनके रहनेवालों की बोलचाल बन्द है
इधर कई दशहरों और होलियों से

जो बड़ा-सा घर है,
लम्बी छतवाला
पड़ोस के सारे बच्चे वहाँ खेलते थे
कि मकान मालकिन ने एक दिन
खेल में किया दखल
सामनेवाले घर के बच्चे को दिया मार
तब से लम्बी छत सूनी पड़ी रहती है।

□

1965

उम्र

दुनियाई लपक-झपक में
जलता रहा, चलता रहा
गुनता रहा, कुढ़ता रहा
नववधू की तरह
सजी खड़ी रही जिंदगी
रात-भर

रात बीती
बात रीती
तारे धुले
सपने बहे
नींद हुई
उम्र गई
क्वाँरी की क्वाँरी रह गई जिंदगी।

□

1965

भीगी किनार

भीगी किनार
उचकवनी टँगी धोती की,
झरती है मद्धिम बौछार
सीढ़ी पर घाट की,
घिसती है उल्टा-तिरछा कर पैर को
कि बचा ले जाये उसके महावर को,
झाँकती हैं पर्दा उघारकर
गोरी, सुडौल, गीली टाँगें
    यौवन का उठाव
    चोली का अटकाव
    चूनर पर कहीं-कहीं
    गीलेपन का छिड़काव
कपड़ों के पार
अंगों का निखार
जैसे टहनी पर नए-नए
अंकुरों का उभार

फिर घाट को हिलोड़ती

छनन्-छनन् क़दमों से
चढ़ती है सीढ़ियाँ
फैलाने को गीली साड़ी
उमर से भीगी
हमारी सुकुमार!

□

1965

यहीं ज़मीन पर

जी करता है
एक किरण की नोक पर बैठ
ब्रह्मांड नाप आऊँ
एक आवारा बादल का टुकड़ा बन
चाँद को ढाँप आऊँ,
बचा लूँ उसे
रौकेटों के लौह-घर्षण से
पर क्या होगा
अगर वह किरण
कहीं भटक गई,
बादल का वह टुकड़ा
बादलों के समूह में खो गया
कहीं बरसकर चुक गया?
नहीं,
मुझे जो कुछ करना है
यहीं ज़मीन पर करना है।

□

1965

रोशनी का लट्टू

[दिल्ली : 1973-1980]

रोशनी का लट्टू

रोशनी का लट्टू
सड़क के एक खम्भे पर लटका
हवा में झूलता
आसपास थोड़ी-बहुत रोशनी फेंकता

सड़क से गुज़रते लोग
लोग ही लोग
'सुनो, रुको...
देखो मैं कौन हूँ, क्या हूँ
मैं...रोशनी ही रोशनी!'

सब अपनी राह चले जाते
एकाध जो रुकते
लट्टू उन्हें देख इतरा उठता
मदहोश झूमता
बेख़बर उस जाल से
जो इस बीच मकड़ी
उसके इर्द-गिर्द बुनती रही थी,

गर्द जो उसके ऊपर बिछती चली गई थी

सड़क से दूर एक कोना
अँधेरे में डूबा
रोशनी की एक फाँक गोद में लिये
लट्टू को देखता था, चुपचाप।

□

1973

साल मुबारक

काम! काम!! काम!!!
कमरे में स्क्रीन, हीटर का इन्तज़ाम;
कलम-पेन्सिलें, फाइलें-रिपोर्टें
दफ़्तरी मेज़ पर पूरा तामझाम
तुम 'बिज़ी' हो

दुकान सजाकर
उससे जोड़ सुखी हो जाने के उपक्रम में
सतत चलायमान तुम्हारा मन
कैसे ठहरता और देखता
कि आदमियत का एक टुकड़ा
तुम्हारे सामने की कुर्सी पर बैठा,
कुर्सी की धूल पोंछकर चला गया

सहेजो, समेटो, सँवारो
तैयार करो खुद को
फाइलों की लम्बी दौड़ के लिए
नया साल मुबारक!

□

1973

मुझे कुछ नहीं करना

दिल्ली की सूखी सर्दी को
कोट की जेबों में भरता हुआ
मैं सोच रहा हूँ
कि वह जो 'उँह' करता हुआ
चेहरे को और भी कसता हुआ
अभी-अभी यहाँ से सरसराता गुज़र गया
क्या आख़िर यही था वह
जिसे मैं इन तमाम वर्षों ढूँढ़ता रहा
और यह कि आनेवाले दिनों में क्या
खड़ी-खड़ी भाषा ही रहेगी
आदमी आदमी के बीच की ज़ुबान?

तुम खुद को समेटते सहेजते रहो
खुद को खरचता रहूँ,
तुम्हें बड़े काम करने हैं,
मुझे कुछ नहीं करना
सिवा उस भाषा पर जीभ फेरते रहने के
जो छुअन, सिहरन बन
आदमी को आदमी से जोड़ती है।

□

1974

हर बार

फिर
तुम मेरी हथेली में आकर
बार-बार झर जाते हो
मुझ पर बरसते हो
पर मेरी झोली से बाहर
बह-बह जाते हो
तुम्हें क़ैद करने की लालच में
खासा सतर्क मैं
हर बार तुम्हें खो बैठता हूँ।

□

1974

प्रेमचक्र : छः कविताएँ

[1]

तुम छिपो
मैं तुम्हें ढूँढूँ
मैं छिपूँ तुम मुझे ढूँढ़ो
—यह खेल है
हम दोनों ही छिपे हैं,
दोनों दोनों को ढूँढ़ रहे हैं
—यह ज़िन्दगी है।

[2]

आँधी-सी उठ रही है
किसी खोह से उजाला फूटा पड़ रहा है
बेइन्तहा खुशी...
पाते भी तो खोनेवाले ही हैं

सँभालूँ इसे
कहाँ से...कैसे?

क्या उन्हीं हाथों में
जिनकी दरारों से अक्सर
मेरा अकेलापन भी
झर-झर गया है

ज़रूरत नहीं पड़ेगी
उजाला नहीं,
यह तो मेरे अन्दर की आँच है
जो बाहरी बहाना पाकर
बिजली की चमक में अन्दर कौंधती है
और दूसरे पल
उसी तेज़ी से बुझ जाती है।

[3]

आओ
आज हम उस जगह को ढूँढ़ें
चलते-चलते जहाँ
हम रुक गये थे,
यों ही
और बिना मुँह खोले
एक-दूसरे से वह कह गये थे
जो दुनिया की किसी भाषा में
आज तक नहीं कहा जा सका

खंडहरों में ढँका वह कोना
जहाँ आमने-सामने खड़े हो
हल्की छुअन के तारों से
हम दोनों ने
वह सम्पत्ति बाँध ली थी

जिसे आँकने के लिए
सभ्यता को आगे नहीं
पीछे चलना होगा।

[4]

हर बार
सड़क पर
कहीं भी मुझे फेंककर
चली जाती हो तुम...

हमारे बीच के बोल
कहीं और बरसाने
किसी दूसरे पर दोहराने

मैं तुम्हारे पास
फिर-फिर आ बिछता हूँ
ताकि तुम
किसी और को
अब मुझ पर दोहराओ
प्यार की उसी शब्दावली को
बार-बार आजमाओ

चलो छोड़ो
आज हम-तुम
किसी पेड़ के नीचे बैठ जायें
और देखते रहें
एक-दूसरे को नहीं
सरकती छायाओं को
पीले पड़ते पत्तों को

हमारी नज़रों का भी तो
व्यावसायीकरण
हो चुका है, इस बीच।

[5]

तुमने कर लिये किवाड़ बन्द
हो गए हम क़ैद
अपने-अपने आपों में
तुम्हारी मकबरों की फेहरिस्त में
एक और का इजाफा हो गया

ये वे लोग थे
जिन्होंने तुम्हें परी, सरस्वती
या ऐसा ही कुछ बनाया था
उनका यही होना था

मेरे भीतर भी
एक क़ब्र खुद रही है

तरक़्क़ी की दौड़ में से
सिर उठाकर
जब कभी तुम
उन मकबरों को तकोगे

तब तक
मेरे भीतर की क़ब्र
मेरे ख़ून को और ठंडा कर चुकी होगी

एक-दूसरे के लिए भी बेकार
किसके काम आ सकेंगे हम?

[6]

कोई अन्दर झाँककर चला गया
हमने नहीं देखा
हम दोनों ही जानते थे जो कोई था
तुमने पूछा कि कौन था?
मैंने कहा—पता नहीं।

□

1974

यह क्या है...

तुम चौंक-चौंक उठते हो
डर जाते हो
कि कहीं मैंने वह कोना तो नहीं छू लिया
जो ओट है...अदृश्य,
पता नहीं, है भी

और मैं प्रति पल
अपनी प्रतीति को छील-छील
करता रहता हूँ खुद को और घायल—

अनजाने किसी क्षण
जो यह फव्वारा रोशनी का
फूट पड़ता है, एकाएक...

उजाला
तेज़ी से बहते साफ पानी-सा
भर-भर उठता है मन में...
यह...
यह क्या है?

□

1974

होम

आँखों को आँखों में खखुआते हुए
कोरों की खुजली तक पहुँचते जाना
असहाय-सा कन्धे पर लुढ़क जाने पर
बालों की जड़ों से उठती सुगन्ध को
धीरे-धीरे पीना...

क्या ढूँढ़ता फिरता हूँ मैं,
कस्तूरी मृग?
ओ जीवन के विराट यज्ञ!
यह लालसा अब तुम्हें होम
ओ उठती हुई लपटों के हाहाकार!
आओ, तुम मेरी आँखों में पैठ जाओ!

□

1975

बुखार : इमरजेन्सी-पाँच कविताएँ

[1]

वे आए थे
चोरी-चोरी, रात को
कँपकँपी से मैंने जाना था
कि सेंध लग गई है
पर दूसरी सुबह मैं घूमने भी गया था
नहाकर

सेंध को अनदेखा कर
मैं चलता रहा
दूसरे दिन, तीसरे दिन
और चौथे दिन भी
वे अन्दर धँसते रहे,
मेरी आवाज़ के इर्द-गिर्द चिपकते रहे
गला बन्द होने को आ गया

उनसे लड़ने के लिए अब
उन्हीं जैसों की एक सेना
मेरे पेट में उतारी गई है

संवेता युयुत्सवः!
जंग जारी है
ब्रह्मास्त्र-गांडीव चिलकते हैं
उधर पेट के उस कोने में
जो मरोड़ उठ रही है,
वह...

[2]

मेरे तलुओं से रिसती भाप
नक्शे-क़दम छोड़ेगी
देह गरम है
जहाँ, चनों की तरह
पुटुर-पुटुर
भुँज रहे हैं मेरे ख़्याल
मुझे लेने एक गाड़ी आएगी
लेकिन मैं अभी...
ठीक है,
थर्मामीटर लाओ
देखूँ वहाँ लटककर
क्या बोलता है मेरा वुजूद!

कोई खटखटाता है
लेकिन थर्मामीटर खोलने में व्यस्त लोग
आवाज़ नहीं सुनते

मुँह बन्द
थर्मामीटर भीतर,
इतने चुप की क़ीमत
उतनी सी जानकारी?

[3]

वहाँ शायद
किसी कर्ण का पहिया
गँप गया है
मैं ज़मीन हूँ,
धर्मक्षेत्रे, कुरुक्षेत्रे!
कोई सेना ख़त्म होगी
कोई बाहर आएगी...

मुझे उल्टी आ रही है।

[4]

ये कौन हैं
जो आये हैं,
बैठे हैं
चुपचुप और उदास,
रोने में फूटने को आई
बच्चों की-सी ठुनक
मुँह पर बिछाए...?

मेरे हमदर्द!

उनके साथ मैं
बाहर दौड़ जाना चाहता हूँ
फेफड़े भर-भर चिल्लाना चाहता हूँ
पर किसने कर रखा है
दरवाज़ा बन्द?

खैर!
खिड़की के पार
ओर-छोर खुला आसमान
अब भी है।

[5]

कभी तो उतरेगा यह बुखार...
लोग लत्तों से इधर-उधर उड़ते हैं,
पेट में कोई गड्ढा खोदता है,
चट-चट...
किन्हीं पैरों की एकरस आवाज़।
पानी!

एक ठंडी लहर
गरम भँवर में
उतर गई।
□
1975

उपसंहार

उस बूढ़े की तरह
जो आस की कमज़ोर नोक पर बिंधा
जिंदगी से चिपटा रहता है,
घिसटता रहता है?

नहीं,
उस फूल की तरह
जो खिलने के साथ ही
हरी-भरी गोद से टपक जाता है
भर जाता है।

□

अक्टूबर, 1979

सुराख

सुराख
जिससे उजाले की रेख
भीतर तक आती थी,
उसे भी हमने तोप दिया

अब यहाँ सिर्फ़ मैं हूँ
और करवटें लेतीं अँधेरे की मरोड़ें
अँधेरा अँधेरे को टटोलता हुआ

क्या बाहर
ठीक इस वक़्त
कोई उजाला
तन रहा होगा...डोर-डोर?
उजाला जो तुम्हारा है
उजाला जो तुम हो।

□

फरवरी, 1980

बीत रहे हैं हम

बीत रहे हैं हम
पल-दर-पल
घर-दफ़्तर
दफ़्तर-घर

संसद के सवाल
जवाब तैयार,
उन्हीं-उन्हीं बातों से
पटे अख़बार
कॉफी के प्यालों पर
खिंच-खिंच चढ़ता
काम का बुखार
काम, जो किसी काम का नहीं
काम नहीं चुकता
चुकते जाते हैं हम
फाइल-दर-फाइल

आम के दरख़्तों पर

कब फूटी बौर,
कब फैली झौर की झौर,
कब वसन्ती हवा
सुगन्ध अँजुरी-अँजुरी बिखेर
चली गई फैलाकर
ख़ुशबू का संसार...
हमें नहीं हुआ मालूम
क्योंकि हम व्यस्त थे
काम में!

□

मार्च, 1980

बुझती आग

गुर्सी की बुझती हुई आग
कहती है बार-बार—
चलो...जाओ
छोड़ो अब चाह
पर मन
नहीं मानता हार

हम आदमी हैं या बर्तन
कि कल भरे, आज रीते?
जिंदगी है या ड्राइंगरूम
सोफे सजे, मन सूखे?

चलो, चलते हैं
इतना तो लिया ताप
ख़ूब सेंक लिये हाथ
चलेंगे अब
ठंड में
अँधेरे में

अकेले ही
सजा लो दर्द आँखों में
होने दो इन्हें और उदास
फूटेगी इनसे कभी
भीतर की आग।

□

26 अप्रैल, 1980

क़िले

पीछे से हाँफते हुए तुम आये थे
तब मैं झाड़-झंखाड़ के बीच
एक पगडंडी टटोल रहा था,
पगडंडी जो मुझे एक टीले तक ले जाती

हम साथ चलने लगे
और मैंने देखा कि पास-पास उछले
हमारे क़दमों के निशान
पगडंडी बना रहे हैं

तभी सामने तुम्हें एक किला दिखाई दिया
तुम्हारे कदम तेज़ होने लगे
तुम मुझसे आगे निकल गये
जब तब पीछे मुड़कर तकते
मुझ पर तरस खाते

मुझे तब पता चला
कि तुम तो पेशेवर बहादुर थे

नया किला दिखते ही जिसकी रगों में
खलबलाहट दौड़ने लगती है

कितने किलों को फतह करते हुए तुम आये थे
मेरा साथ तो सिर्फ़ दम लेने के लिए था
तब तक के लिए
जब तक तुम्हारे सामने कोई नया क़िला न उग आता
जो तुम्हें तुम्हारी बहादुरी की पहचान देने के लिए
उकसाने लगता

अगर तुम थोड़ा ठहरते
तो तुमसे पूछता
कि ये क़िले
जिन्हें तुम जीतते चले जाते हो
उनके वीरान खंडहरों में
तुम्हें क्या दिखाई देता है
अपनी छाया के सिवा?
क्या सुनाई देता है
अपनी आवाज़ के सिवा?

तुम अब नये क़िले पर पहुँच चुके हो,
ऊँचाई से मेरी ओर तक रहे हो
मैं...लड़खड़ाता
हाथ-पैर मार
किसी तरह अपना रास्ता साफ़ करता
टीले की तलाश में...
टीला जो शायद कहीं नहीं है
और तुम्हारे जीते हुए क़िले
वे भी तो कहीं नहीं हैं,
हवा में घुल चुके हैं,

गुज़रे वक़्त की तरह
हम दोनों के हाथ कुछ नहीं आयेगा
बहुत कुछ हो सकता था
अगर हम साथ चलते।

□

21 मई, 1980

आज भी

बबूल के नंगे पेड़ों पर
आँखें खोलती कोपलें,
सूखे पत्तों पर
बारिश की पहली बूँदों की थपक
आसमान को मूँदने बढ़ता चला आता
बादलों का काफ़िला...

गनीमत, कि ये सब अब भी हैं
वर्ना, आदमी की औलाद ने तो मार ही डाला था।

□

9 अगस्त, 1980

काश कि...

तुम्हारी कविताएँ
प्रेम और प्रेम की पीड़ा भरी
मैं उनमें से गुज़रता रहा,
जैसे वे कविताएँ नहीं
छोटी-मोटी गलियाँ थीं
जिनमें मैं डोलता फिरता था
कुछ बरस पहले
अपने लड़कपन में

तुम्हारी कविताओं में
मैं नहीं हूँ,
जैसे कि उन गलियों में
अब नहीं रहा
काश कि होता!

□

9 अगस्त, 1980

समय

अब न वह दर्द है
न वह जलन
न वह ईर्ष्या
और न ही वे शिकायतें....
जिनकी ईमानदारी से सुलग सुलग कर
प्यार के बाण छूटते थे—
तपते हुए, खौख्याते, बदहवास
ख़त्म हो जाते थे
खुद को जलाते हुए ही
एक हल्की-सी खरोंच, आख़िर
तुम पर भी तो उछल आती थी

अब
भीतर गँसी हुई
यह मिट्टी-जैसी सिल है
जो हर चीज़...
प्यार की कोई नई बूँद भी
सोख जाती है,

जहाँ पहुँचकर
सब-कुछ मिट्टी हो जाता है।
हाँ, आजकल मैं
इतना ही उदास हूँ
इतना ही शान्त
इतना ही मृत।

समय को तुमने
कैसे चढ़ाया मुझ पर
तिल-तिल कर।

□

9 अगस्त, 1980

प्रकृति माँ

[बम्बई/अहमदाबाद/दिल्ली : 1985-1994]

प्रस्तुत हूँ

वह सब
जो वज़नदार बनने के चक्कर में
खुद पर आजीवन चिपकाता रहा
लोंदों की तरह,
फच्च फच्च मार—
पढ़ाई-लिखाई
बुद्धि-शुद्धि
पद-मद
लाभ-वाभ
और
यश...
कीचकाई
आल-वाल
लत्तर घास—
जो रोओं के बीच-बीच उगे हैं मुझमें—
उन्हें नोच-नोच कर
निकाल फेंकना...
कि एक सूनी डालियों वाला

छोटा-सा पेड़
धूप-ताप
आँधी- धूल-बरसात
और ठंड की झुरझुरी में
सिकुड़ता-तनता
झुकता-उठता
आख़िर खड़ा हो जाये
आसमान की ओर मुँह करके

प्रस्तुत हूँ अब
ओ महा प्रकृति!
तुम्हारे इस विशाल प्रांगण में...
फूटें कोंपल
खिलें फूल
उगें काँटे
जो भी हो तुम्हारा इष्ट।

□

12 मई, 1985 : बम्बई

फटेलू चादर

फटैलू चादर को
कभी थोड़ा फैला
कभी थोड़ा समेट
कभी उस पर सिर टिका
आँखें मीच लेता हूँ...

सरकती दीखती हैं
उमस-भरी
कई दोपहरें

अब तक
क्या पाया
क्या किया?

□

27 सितम्बर, 1988 : बम्बई

प्रकृति माँ

पुरइन के पात पर
बूँदों की टपाटप
थरथराता है मुख हर बार
किसी कुरेद की थपथप से...
जैसे भावनाएँ
बूँद-बूँद
दस्तक दे देकर
लौट जाती हों अपने उत्स की ओर,
भीतर के ब्रह्मांड में
उमड़-घुमड़ होते रहने को

तुम एक नाम,
एक शरीर में छिपी बैठी हो
थोड़ा गुमसुम, थोड़ा उदास
पर तुम्हारे नाम की पुकार
हर बार
खोलती है लम्बी घाटियों का विस्तार

जिससे होकर
प्रकृति माँ आएगी
मुझे अपनी छाँह में ले लेने को।

□

19 मई, 1993 : अहमदाबाद

माँ : तीन चित्र

[1]

अपना,
संसार में आने को बेचैन नौ माह के जीव का
और तीव्र प्रसव वेदना का भार
एक साथ ढोती
हस्पताल की सीढ़ियाँ चढ़ती
हाँफ आयी।
हल्का सहारा
लिया और दिया
और फिर चल पड़ी

कमरे में घूमती दर्द की छटपटाहट....
कभी बैड पर लेटती,
कभी बैंड की टेक को मुट्ठियों में जकड़
वेदना की लहरों को झेलती,
कभी शीशे में दर्द से तिहरे
अपने चेहरे को देख हल्का हँसती,

कभी अपनी दो साल की बेटी से
सवाल-जवाब करती, ख़ुद को बहलाती,
और कभी सीकचों में क़ैद
सिंहनी की तरह चलती

सिर्फ़ चलती
उधर से इधर।

[2]

हथेलियों का सम्पुट, शंख-सा
उस पर आधा धरा गाल, कलश-सा
संकुचित पंखुड़ियों-सी बन्द पलकें
जैसे विश्राम करती दीप शिखाएँ
पास
नवागता बच्ची
तौलिया में लिपटी।
साँसों की हल्की आवाज़ आती थी
गली में घुसती मद्धिम हवा-सी।
'सो रही हो?'—
मैंने पुकारा, बहुत धीमे
वह चौंक गई हल्की चीख़ में।
  वह सो नहीं, जग रही थी
  शान्ति की गोद में

[3]

एक पैर लिटाए

एक आधा खड़ा किए
लाल कपड़ों में
बैठी है वह पलंग के बीचोबीच
बच्ची को दूध पिलाने की तृप्ति से अभी तक बँधी हुई

कभी देखती है पास सोती बच्ची को
कभी सामने पलंग पर बैठी बड़ी बच्ची को
कभी मुखातिब मुलायम पति को
तो कभी अपने आपको!

आँखें व्याकुल...
दिशाओं में भटकतीं
किसकी हुई वह?

खिड़की के पार
दूर पहाड़ियों के नीचे
पेड़ों का एक छत्ता नज़र आता है,
कोई झुरमुट है शायद।

□

23 अक्टूबर, 1983 : अहमदाबाद

पहचान

सिर पर बाल घने और काले
उड़े-उड़े, खूबसूरत
आ जाते हैं बार-बार सामने
तुम्हें उलझा लेने
चेहरे को ओट कर देने

आँखें बड़ी-बड़ी,
पानी-भरी सीपियों-सी
अपने ही बोझ से दबी
उठती हैं मुश्किल से
देखती हैं
पर जैसे कुछ भी नहीं देखतीं।

होंठ
दो नन्हीं बोड़ियाँ
एक पर एक रखीं
झेल लेती हैं
किन्छाव या कि बरसात...

हल्की सिहरन...
और फिर वापस
तह ऊपर तह।

मैं तो डूब ही जाता,
बचा लिया तुम्हारी उँगलियों ने।
दुबली-पतली उँगलियों ने
मुझे यों उठा लिया।
उँगलियों से उतरता संगीत
मेरे मस्तक पर,
जिनका स्पर्श मात्र
कर देता हर खाद्य को नैवेद्य।
मेरी हथेलियों में
तैर जाती हैं वे सर्र से
कमल का पत्ता जैसे पानी में।

तुम्हें मैं नहीं जानता, अब भी
पर अपनत्व क्या है
सीख सका हूँ तुम्हारी उँगलियों से।

□

9 दिसम्बर, 1993 : अहमदाबाद

सागर- चित्र : दीव

[1]

क्षणों
पहरों
दिवसों
वर्षों...
        फेनिल लहरों से
        धोयी जाती चट्टान
        अब हरी हो गई है
कालिख धुली और बह गई
अब है हरा चिकनापन

हर बार एक नई लहर आती है
आतुर
बिछ जाने को चट्टान पर,
चिकनेपन से टकरा
टूट जाती है
पतली-पतली अनगिनत धाराओं में

जैसे हरी चट्टान
लहर को अपनी अँजुरी में भर
वापस समुद्र में उँडेल देती है

[2]

सागर को रोके खड़ा है
एक छोटा-सा पठार
खोखली हो आई है
उस ओर की दीवार
लेकिन पठार
अपने ऊपर
उगाये है घास
जिसे पशु चरते हैं
घसियारे काटते हैं
जिसके बीच परिन्दे
बैठते-फिरते किल्लोल करते हैं

पठार पर
दो-तीन बावड़ियाँ भी हैं
जिनमें बरसात का मीठा पानी
इकट्ठा होता है
पास की बस्ती के लिए।

[3]

सागर की लहरें

एक पर एक
पहाड़ी को नीचे-नीचे
खोद रही हैं।

तन आया है एक
चट्टानों का चँदोवा-सा
नीचे हहराता है समुद्र
पछाड़ खाता
घने बादलों की तरह गरजता
टूट-टूट जाता।

कोई लहर
बौखलाई सर्पिणी-सी
खोह के किनारे-किनारे
फँसती चली जाती है—
गहराई...और गहराई!
छेद-छेद हो आई है पहाड़ी।

अनन्त काल से चल रही
यह कौन-सी चेष्टा है—
पहाड़ से कुछ निकालने की
या पहाड़ को
तिल-तिल करके
तरल बना देने की?

[4]

मोटी लहर
सागर की

सिर उठाया
गिरी भच्च से पानी की तह पर
सफ़ेद लकीर बन दौड़ी, छरछराती
किनारे की ओर
बिखर गई
डूब गई

डूब जाते हैं तुममें
बड़े-बड़े उद्वेग
तुम...
जो लहर भी हो
सागर भी
लहर की तरह दौड़ते-बिखरते
सागर की तरह शान्त, सब-कुछ लेते

तुम दोनों हो
इसलिए बड़ी-बड़ी प्रतीति
करा सकते हो
अनायास।

□

11 जनवरी, 1994 : अहमदाबाद

प्रकृति सर्जना

अनुभूति स्थल...
जो पार हैं
बहुत दूर हैं—
मैं उनकी तरफ़ उछलता हूँ
उन्हें अपनी अँजुरी में भर लेने को आकुल।
नहीं समझता एक छोटी-सी बात
कि वे कुछ नहीं
सिर्फ करवटें हैं
जो तुम्हारे इधर-उधर होने से
हवा में पैदा होती हैं
और वहीं खो जाती हैं

शायद तुम यह समझती हो
तभी चुपचाप
वह बनाने में डूबी हो
जो मुझे, तुम्हें, सभी को
भाये
हमारे-तुम्हारे सबके
काम आये।

□

6 फरवरी, 1994 : आनन्द

कोई नहीं आएगा

तुम्हारी आवाज़...
रोता मेरा मन चिहुँक उठा
जैसे बयार का कोई झोंका
खोल दे पखेरू का कंठ।

क्या-क्या होता है मेरे भीतर—
धधकता बड़वानल
चीत्कार, हाहाकार
और तुम्हारी तरफ़ भी
उठते हैं तूफ़ान
चलती हैं आँधियाँ
गिरते हैं भूखंड

लेकिन हम-तुम क़ैद
अपनी-अपनी हदों में
अभिशप्त जैसे युगों से
अपने झंझावात स्वयं झेलने को
उनकी पदचाप
स्वयं चीन्हने, सुनने को।

दूर से तुम देख लेती हो

मैं उखड़ा हूँ या बिगड़ा
दुःखी हूँ कि भुँझलाया
या हूँ सिर्फ़ सतह पर क्रोधित
जो तुम नहीं देख पातीं वह यह
कि मैं दरअसल
हूँ सतत व्याकुल—
कब तुम्हारा कन्धा होगा
और सिर टिकाकर मैं रो सकूँगा
ख़ूब

शायद तुम्हें इस प्यास का भी अहसास है,
फिर भी तुम दूर
बहुत हुआ तो अस्थिर
पत्ते की हलचल भर

और कहती हो तुम—
'मेरा कन्धा क्यों...
घुमड़ने दो आँसुओं को
अपनी आँखों के आकाश में ही,
मत आने दो उन्हें बाहर
कोई नहीं आएगा,
मैं भी नहीं
तुम मुझे दूर से ही निहार सकोगे
कभी मेरा हिस्सा बन सके
तो उतने ही, जितने और हैं...
शायद उनसे भी कम...
उठो, चलो
अपने आँसुओं को लिये लिये चलो।'

□

जून, 1994 : अहमदाबाद

फासला

फ़ोन पर तुम्हारी 'हलो'
बेहद दबी, डरी, भिंची हुई
और फिर हल्की सिसिकियाहट में तनता मौन...

मैं भरभराकर ढहता चला जाता हूँ।
स्वयं को समेटने के बजाय
तुम्हें समेटने में लग जाता हूँ
कि मेरा आक्रोश, तनाव, पीड़ा
....ये कुछ नहीं,
तुम फिर वापस वही हो जाओ
घंटियाँ फिर बज उठें।

तुम किसी एक शब्द की टोकरी ऊपर तान
—आँ...आँ...आँ, जी...जी...जी...
एक ही उच्चारण, मुँह का एक ही जैसा घुमाव
झेल लेती हो शिकायतें/उपदेशों की बौछार।

कौन कहता है तुम कुछ नहीं कह पाती
आज तुम्हारे बेजान, रुक-रुककर चलते जी...जी ने
साफ़-साफ़ कहा
कि चला होऊँगा मैं प्रेम का लम्बा सफ़र
पर फ़ासला एक छोटे से शब्द 'तुम' तक का
नहीं तय कर पाया।

□

9 जुलाई, 1994; रात 12.30 बजे : अहमदाबाद

बस...

निकल गई उम्र
संसार को खोदने खुख्याने में
दौड़ने, हथियाने, फिर भी न पाने में
लोगों के पाने से चौंधिया-चौंधिया जाने में।

कैसे जिंदगी
अपनी उँगली ज़रा-सी हिला
भटका भरमा देती है,
दौड़ता रहता है
आदमी उन्मत्त
उस दिशा की ओर
जिधर जाना उसने कभी नहीं माँगा था।

थककर
दौड़ से हट कर
बैठ गया हूँ मैं
एक छोटे से कमरे में

अपने दुर्बल जीव के साथ।

आसमान के
साफ़ नीले 'कन्वैस' पर
उभरती हैं कुछ लकीरें
बन आती है एक आकृति,
देखते-देखते
संसार की सारी स्वच्छता
सिमट आती है वहाँ

बस, मैं यहीं बैठा रहूँ
इस आकृति से सटा रहूँ।

□

17 दिसम्बर, 1994 : दिल्ली

वसन्त कहाँ?

सूखे पत्तों का पीला चूर
पिसी हल्दी-सा ज़मीन पर बिखरा...
सुनहरे किसलय पेड़ों पर
दूर से मुस्कुराते, टुकटुक...
आमों की बौर, झौर-झौर
हरी, पीली, गेहुँआ, लाल...
क्या वसन्त यहाँ?

आकाश में बहती लकीर
उड़ते पक्षियों की,
तोतों, कोयलों की किलकिल...
पेड़ों में ढूँढ़ने रुकता हूँ मैं
चौंक, चुप हो जाते हैं वे
'पागल है!
चलता क्यों नहीं जाता अपनी राह,
पूछता है ऊलजलूल सवाल—
कहाँ तुम,
कलरव क्यों,

दौड़ किस ओर,
कहाँ है छोर?
कहीं नहीं,
बस यहीं,
करना वो
जो हुमस हो,
आकाश छत,
ज़मीन घर,
राह वह
जो सामने,
साथ जो
साथी वो,
हम जहाँ
वसन्त वहाँ।'

□

7 फरवरी, 1995 : बड़ोदा

फिर...

तुम फिर अपने में लौट गए
घने बालों पर सिर टिकाए
आँखें मूँदे
अपने जीव के बोझ से थके
शरीर को किसी तरह ढोते
भलल-भलल रोते

खटखटाता मैं बाहर रह गया
तुम्हें अपने में लिए हुए भी
कहीं से तुम्हें छू न पाया।

□

9 फरवरी, 1995 : बड़ोदा

मेरे पिता

मेरे वृद्ध पिता
ऊँचा सुनते हैं
इसलिए जोर से बोलते हैं,
घबराते हैं
इसलिए गरियाते हैं,
बोलते-बोलते
अपनी दुर्बल काया को
मचमचा डालते हैं।

बाहर
उनके जैसा एक पेड़
वृद्ध, जर्जर
जो ठूँठ ही रह गया है
पर धूप-ताप, हवा-पानी
सब कुछ झेलता हुआ
शान्त खड़ा है
पेड़ बोल सकता
तो क्या मालूम
पिता जैसा ही करता।

□

15 अप्रैल, 1995 : नई दिल्ली

अकृतज्ञ

अभी हमें
हाथ में हाथ लिये
उस रास्ते पर चलना था
जो शहर से बाहर एक खेत का था
जहाँ रास्ते के दोनों ओर
दरख्त थे, लाल-पीले फूलों के,
जहाँ पर चलने का
उस शाम समय नहीं बचा था,
'फिर आयेंगे, ज़रूर चलेंगे
उस कुटिया तक'
—तुमने कहा था

अभी हमें
भटकना था
उस पुराने शहर की छोटी-छोटी गलियों में
कि अतीत को अपने भीतर उतार सकें,
देखना था
उस पठार को जिसे नीचे-नीचे से
सागर की लहरों ने खोखया डाला

पर जो अपने ऊपर अब भी
सृष्टि की मुस्कान बिछाए हुए है
बिना चले ही तुम थक आए
बिना भटके ही खोने लगे
स्वयं को ढूँढ़ने चले हो तुम
चहारदीवारी की कैद में
तीन-चार कायाओं की
छोटी, एकरस क्रियाओं में
फिजूल के ऊहापोहों में
उनमें जो तुम्हें कुछ भी करने की फुर्सत नहीं देते
तुमने जो सोचा, महसूसा
उसे उसी वक्त कुचल डालते हैं,
तुमने कुछ लिखा
उसे जब्त कर लेते हैं,
जो तुम्हें, तुम्हारे होने की सबूत बतौर
इत्ती-सी स्वतंत्रता भी नहीं देते!

प्रकृति ने हमारी झोली में
क्या-क्या डालना चाहा था।
हम ही अपात्र निकले;
जो अवसर हमने खोया
वह शायद ही मिले
जिस रास्ते से मुँह मोड़ा
वह शायद ही खुले

प्रकृति उदार है
पर वह पहचानती भी है
अकृतज्ञों को।

□

16 मई, 1995 : नई दिल्ली

बम्बई में रात

आधी रात फोन।
दो ग़लत नम्बर
फिर एक सही
'अंकल आपको नींद में डिस्टर्ब तो नहीं किया?'
वह तो तुमने किया ही बड़े भाई!
वह भी इस छोटी-सी बात के लिए,
पर तुम्हारे पास फोन था
सब्र कहाँ?

रात-भर सड़क से ट्रक गुज़रते हैं
रेत-मिट्टी-सरिया ढोते हुए है
उठ रहा है एक नया नगर
सुदामा नगर!
फिर कोई और उठेगा
फिर कोई और...
तब तक
जब तक कोई चौखटा बचेगा।

सुबह के पहले अजान
मसजिद से दूर जो हैं मकान
उनके लिए एलान,
पीछे-पीछे मन्दिर से
माइक पर आरती
एक नहीं तीन,
पूरा एक घंटा!

कब सोऊँ...?
घर ऐसी जगह लूँ
जो मन्दिर-मसजिद से हो दूर!
कहाँ है
पर ऐसी जगह?

ऐसा करो
बाहर से शोर
भीतर ले आओ—
सिर पर रखो
एक्झ्हास्ट, कूलर या एयरकन्डीशनर
कुछ, जो करे शोर लगातार।
शोर ही शोर को दबाता है।

□

18 मई, 1995 : बम्बई

बीच कहीं

नींद और जाग के बीच कहीं अटकी
ज्यों डगाल से अलग हुई पत्ती
दूसरी पत्ती पर लटकी
छोटी बच्ची कुनमुनाती है
नींद में डूबी-डूबी ही वह
उसे थपथपाती है,
थपथपाती चली जाती है

चाय सुड़कते हुए
वह ख्यालों में तिर रही है,
बड़ी लड़की
उसके हाथ से ही खाने को
मचल रही है
कैसे स्वप्न, कैसे ख्याल
रेखाएँ भी स्पष्ट नहीं हो पाईं
उठ जाती है वह
बच्ची की जिद पूरी करने

छुट्टी के दिन भी काम
काम ही काम—
आने वाले मेहमान
विशेष भोजन
कपड़ों की सफाई
हिसाब-किताब
पति से प्रेमवार्ता!
भूल ही गई
जो फोन पिछली शाम
वह करना चाहती थी

क्या हो वह—
दफ्तर या घर
पति की पत्नी
या बच्चों की माँ
सफल गृहस्थिन
या एक साबुत जीवन?

कुछ नहीं...
उसे चाहिए नींद
सिर्फ नींद,
भरपूर नींद
जो उसे
सालों से नहीं मिली है।

□

29 मई, 1995 : नई दिल्ली

पहाड़ियाँ

तपे मैदान
सूखी नदियाँ
धूल भरी बस्तियाँ
भागते हैं लोग
जिधर हैं पहाड़ियाँ
क्यों, ऐसा क्या है वहाँ?
थोड़ा ऊँचाई बेशक,
अब न वृक्ष सम्पदा,
न शान्ति, न शीतलता
सिर्फ पहाड़ियाँ
एक के ओट एक
श्रृंखला एकरस।

कुछ न हो
पर वे हैं, जहाँ हैं
अचल,
हम सतत चलायमान,
यही हमारी दुर्बलता
कि भागते फिरते हैं

इधर से उधर
उधर से इधर
अपने आप से ही पीड़ित

पहाड़ियाँ जो जैसी हैं, अपनी ज़मीन पर हैं वे कहीं नहीं जातीं
लोग उन तक जाते हैं।

□

3 जून, 1995 : पठानकोट

घाटी

घाटी
पहाड़ों के पैरों तले पड़ी
नदी के सूखे रास्ते में
कंकड़ पत्थर,
इधर-उधर लावारिस पड़ीं
छोटी-बड़ी चट्टानें,
गुज़रते रास्ते,
टीन की छतों पर धूल,
लबालब भरी खूब चटख धूप!

ऊपर
धुन्ध में डूबी गंजी पहाड़ियाँ
इधर एक बासी बस्ती
दायीं ओर
सीधा उठता हिल स्टेशन का पहाड़
जिसकी छाया में
घाटी और फीकी हो जाती है।

फिर भी घाटी!
तुम सुन्दर हो—
क्योंकि सब-कुछ धारण करती हो
पहाड़ों के नीचे
बहता आता कूड़ा-कबाड़ा भी
शाम जब धूप खिंचकर
पहाड़ की चोटियों पर चली जाती है
अँधेरे को पहले तुम्हीं छाती से चिपकाती हो,
तभी खिल उठते हैं
रोशनियों के सितारे
जिन्हें ऊपर से सैलानी
तुम्हारे ऊपर बिछा देखते हैं
जल्दी ही भर उठेगी यह नदी भी,
पहाड़ों का पानी
उतरकर यहीं आयेगा
कलकल बहेगा

हर तरफ़ से तब लोग
इस नदी को, तुम्हें निहारेंगे
भले ही जाते हों लोग पहाड़ों पर
नज़रें होती हैं घाटी पर।

□

4 जून, 1995 : डलहौज़ी

शिक्षण के लिए

पहाड़ी पर सूर्य का जन्म
पूर्व की पहाड़ियों के पीछे
पीला वितान
फिर लाल
फिर...
रंगों के आगे
रेखा प्रति रेखा
उठाव-दर-उठाव
खिंची दिखती है
पर्वत शृंखला
कालिमा और पैनी
और धारदार

अब रंग सुनहरा
सफेदी की तरफ़ सरकता
ओर-छोर फैली
लम्बी पर्वत शृंखला...
एक छोटी-सी पहाड़ी के

छोटे से कटाव से
जन्मता है सूरज
टार्च-सी सामने फेंकता
पहाड़ी पर स्वयं को रखे, डोलता
चमक उगती गोलाई में घूमती है
कालिमा और काली...
नीचे-नीचे चिपकी है
निकला सूर्य बाहर अपने पूरे तेज में
कि आँख उधर नहीं टिकती

खो गई सहसा
पहाड़ी की कालिमा कहीं
जैसे जज़्ब हो गई
सूर्य की सफेदी में...

पर थोड़ी देर को ही
पहाड़ी से जन्मा सूर्य
सिर्फ पहाड़ी का नहीं
संसार-भर का है।

□

5 जून, 1995 : डलहौज़ी

देवदार वन

नीचे देवदार ऊपर देवदार
जैसे दुगुने-तिगुने लम्बे देवदार।
बीच टॅगी पगडंडी
जिस पर चलता एक मनुष्य!
नीचे ऊँचाई
ऊपर ऊँचाई
पहाड़ की ऊँचाई
देवदार की ऊँचाई
ऊँचाई ही ऊँचाई...
मैं कितना छोटा हो गया!
ऐसे भव्य मार्ग से पहले नहीं गुज़रा—
सूर्य की किरणें यहाँ लुके-छिपे आती हैं
वायु संगीत को ओढ़कर निकलती हैं
धरती सुगंध में नहा-नहा उठती है

ओ पूर्वकाल के तपस्वियो
आँधी-तूफान को वर्षों से झेलते
तुम यों सीधे खड़े हो

तुम्हारे वंशज हम
ऐसे कैसे हो गए
कि रीढ़ की हड्डी ही नहीं है
हम शापित
हमारा युग शापित
अपनी पीठ में आग
हम स्वयं लगाते हैं
जिसे बुझाने फिर कहाँ-कहाँ जाते हैं!

तुम यों ही तने खड़े रहना
क्योंकि तुम...
तुम अन्तिम आशा हो
शापित मनुष्य के बचने की।

□

5 जून, 1995 : डलहौज़ी-खजिहार का जंगली रास्ता

बूढ़ा देवदार

बूढ़ा देवदार
एक तरफ़ तने पर
बड़ी एक खोह
जैसे कोई पुराना ज़ख्म,
डगाले सूखीं
ज्यों हड्डियाँ पुरानी

थका-माँदा निकला मैं
तने से टिककर बैठ गया
और ली आँखें मूँद
—'तुम मेरे कौन
जिसने दी मुझे शरण
पास बठाया यों टिकाया?'
'मैं क्या
बूढ़ी मेरी काया
पर वह क्या
जो किसी के काम न आया
खड़ा हूँ मैं

लिपटाए इस पेड़ को
चिपटाए इस बेल को
खोह में बसेरा करते हैं पखेरू
तने का जो हिस्सा
साबुत
है सामने की ओर
आ टिकते हैं तुम जैसे साँझ-भोर...

बूढ़ा हूँ, पर व्यर्थ नहीं।
इसलिए देखते हो
ऊपर की मेरी सूखी डगाल
अब हरी हो आई है।

□

5 जून, 1995 : डलहौज़ी-खजिहार का जंगली रास्ता

सूखे पत्ते

पत्ते सूखे, साबुत
बिछे पगडंडियों पर
तह-मोटी-तह।
पथरैलू पगडंडी
हो गई थी गद्देदार
सरपट हम निकल जायेंगे पार,
सूखे पत्ते ही तो हैं!
पर तभी फट से फिसले
घिसटते दिखे ज़मीन पर
भूल गए थे
कि सूखे पत्ते भी तो हो सकते हैं चिकने!
पत्तों ने गिराया
पर उन्हीं ने बचाया
चोट एकदम नहीं आई
इसी को कहते हैं भाई
कि उसकी लाठी में आवाज़ नहीं होती।

□

5 जून, 1995 : डलहौज़ी-खजिहार का जंगली रास्ता

मीनाकुमारी

वहाँ
उस होटल में
सिर्फ एक ही तस्वीर थी
मीनाकुमारी की
मीनाकुमारी
'दिल अपना प्रीत पराई' फिल्म की
मैंने फोटो लगाने वाले से हाथ मिलाया
यों की अपनी कृतज्ञता ज्ञापित
—हमारे कितने दुःख-दर्दों को
दिए थे शब्द मीनाकुमारी ने
फैलाया था हमारे प्रेम का वितान,
अपनी प्रेमिका में हम देखते थे मीनाकुमारी
मीनाकुमारी में प्रेमिका

तस्वीर वहाँ थी
जहाँ से सब गुजरते थे
तस्वीर को देखते थे
पर कम ठहरते थे...

नई पीढ़ी के लिए
वह एक ब्लैक एंड व्हाइट तस्वीर थी
कोई सुन्दर स्त्री
गम्भीर गहरी मुद्रा में

मीनाकुमारी नहीं रही
तस्वीर महिला विशेष की
किसी भी स्त्री की हो गई

अच्छा हुआ—
वही जीवन विशेष है
जो अपनी विशेषता में इतना उठ जाए
कि स्वयं विशेषता ही हो जाए,
विशेष जीवन बहुत पीछे छूट जाए।

□

6 जून, 1995 : खजिहार

पैसे वाले सैलानी

पैसे वाले सैलानी
कचर कचर खाते हैं
चकर चकर बोलते
खाते हैं या बोलते हैं
बोलते हैं या खाते हैं
जितना बोलते हैं
उतना खाते हैं
जितना खाते हैं
उतना बोलते हैं
पीते हैं, चिल्लाते हैं
नहीं तो टी.वी., म्यूजिक
ज़ोर से चलाते हैं...
इसी के लिए
इतनी दूर आते हैं

शान्ति और स्वच्छता के दुश्मन ये...
कोई शान्त सुन्दर जगह नज़र आयी
दौड़ाने लगे कारें

चालू
भीड़ की चाँय चाँय
हर जगह झाँय झाँय
म्यूज़िक की भाँय भाँय
जहाँ होती थी कभी साँय साँय

फिकने लगे टिन के डिब्बे
खाली बोतलें
पोलीथिन के थैले
सुन्दर जगह को भी वे
चन्द सालों में बना देंगे
कूड़ाघर
जो झील कल तक थी लबालब
तेज़ी से सूखने लगी है अब।

□

6 जून, 1995; खजिहार